The Chord Song

Simon & Garfunkel

HAL•LEONARD®

Exclusive Distributors:

Hal Leonard
7777 West Bluemound Road,
Milwaukee, WI 53213
Email: info@halleonard.com

Hal Leonard Europe Limited
42 Wigmore Street, Marylebone,
London WIU 2RY
Email: info@halleonardeurope.com

Hal Leonard Australia Pty. Ltd.
4 Lentara Court, Cheltenham,
Victoria 9132, Australia
Email: info@halleonard.com.au

Order No. PS11524
ISBN 0-7119-8579-0
This book © Copyright 2000 by Hal Leonard

Compiled by Nick Crispin
Music arranged by Rikky Rooksby
Music engraved by The Pitts

Cover photograph by Lynn Goldsmith

Printed in the United Kingdom.

www.halleonard.com

Relative Tuning

The guitar can be tuned with the aid of pitch pipes or dedicated electronic guitar tuners which are available through your local music dealer. If you do not have a tuning device, you can use relative tuning. Estimate the pitch of the 6th string as near as possible to E or at least a comfortable pitch (not too high, as you might break other strings in tuning up). Then, while checking the various positions on the diagram, place a finger from your left hand on the:

5th fret of the E or 6th string and **tune the open A (or 5th string) to the note (A)**

5th fret of the A or 5th string and **tune the open D (or 4th string) to the note (D)**

5th fret of the D or 4th string and **tune the open G (or 3rd string) to the note (G)**

4th fret of the G or 3rd string and **tune the open B (or 2nd string) to the note (B)**

5th fret of the B or 2nd string and **tune the open E (or 1st string) to the note (E)**

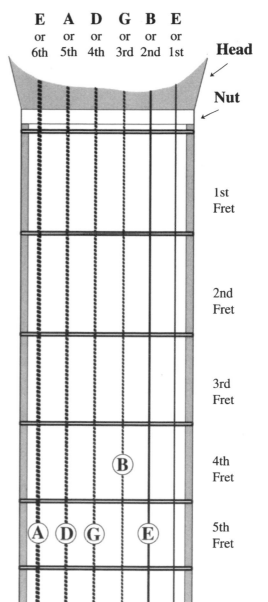

Reading Chord Boxes

Chord boxes are diagrams of the guitar neck viewed head upwards, face on as illustrated. The top horizontal line is the nut, unless a higher fret number is indicated, the others are the frets.

The vertical lines are the strings, starting from E (or 6th) on the left to E (or 1st) on the right.

The black dots indicate where to place your fingers.

Strings marked with an O are played open, not fretted. Strings marked with an X should not be played.

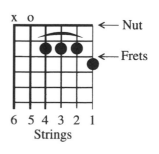

The curved bracket indicates a 'barre' – hold down the strings under the bracket with your first finger, using your other fingers to fret the remaining notes.

America

Words & Music by
Paul Simon

F   C   G/B   Am   Am/G   Em7

A7   D/F#   C/G   G   D   Cmaj7   B♭maj7

Fmaj7(#11)   D9/F#   Fmaj7   Dm   Dm/C   G7/B   G7

Capo second fret

Intro

N.C.   F
(Hmm-hmm-hmm-hmm-hmm hm-hm-hm,

C   G/B   Am   Am/G   F
Hmm-hmm-hmm-hmm-hmm hm-hm-hm.)

Verse 1

C   G/B   Am   Am/G   F
"Let us be lovers, we'll marry our fortunes together,

C   G/B   Am
I've got some real estate here in my bag".

Em7   A7   Em7   A7
   So we bought a pack of cigarettes and Mrs. Wagner pies

    D/F#   C/G   G   C   G/B   Am   Am/G   F
And walked off to look for Ame - rica.

Verse 2

C   G/B   Am   Am/G   F
"Kathy," I said as we boarded a Greyhound in Pittsburgh,

C   G/B   Am
"Michigan seems like a dream to me now".

G
It took me four days to hitchhike from Saginaw.

D   G   D   Cmaj7
I've gone to look for America.

Middle

B♭maj⁷
    Laughing on the bus,
        Cmaj⁷
Playing games with the faces:
B♭maj⁷   Cmaj⁷
She said the man in the gabardine suit was a spy.
F   Fmaj⁷(♯11)   C   G/B Am Am/G
I said, "Be careful his bowtie is really a camera".

Link | D9/F♯ | Fmaj⁷ ||

Verse 3

C   G/B   Am   Am/G   F
"Toss me a cigarette, I think there's one in my raincoat".
C   G/B   Am
"We smoked the last one an hour ago".
Em⁷   A⁷   Em⁷   A⁷
So I looked at the scenery, she read her magazine
          D/F♯ C/G G   C G/B Am Am/G F
And the moon rose over an o - pen field.

Verse 4

C   G/B Am   Am/G   F
"Kathy, I'm lost," I said, though I knew she was sleeping,
       C   Em   Am
I'm empty and aching and I don't know why.
G
Counting the cars on the New Jersey Turnpike,
         D G   D   Cmaj⁷
They've all gone to look for America,
D G   D   Cmaj⁷
All gone to look for America,
D G   D   Cmaj⁷
All gone to look for America.

Coda   ‖: C   G/B | Am Am/G | Dm Dm/C | G⁷/B G⁷ :‖   *Repeat to fade*

April Come She Will

Words & Music by
Paul Simon

G*   D*   G   C/G   Am

Asus²/G   Fmaj⁷   Em   C   D

Capo first fret, tune slightly sharp

Intro | G* | G* | G*   D* | G   C/G   G | G   C/G   G ‖

Verse 1

G   C/G   G   C/G
A - pril,

G   C/G   G
Come she will

Am   Am⁷/G   Fmaj⁷   Em
  When streams are ripe and swelled with rain.

C   D   G   Em
May, ___ she will stay, ___

Am   Em   Am   Em
  Resting in my arms again.

Link 1 | G   C/G   G | G   C/G   G ‖

Verse 2

G   C/G   G   C/G
June, ___

      G   C/G   G
She'll change her tune,

Am   Am⁷/G   Fmaj⁷   Em
  In restless walks she'll prowl the night.

   C   D   G   Em
July, ___ she will fly ___

Am   Em   Am   Em
  And give no warning to her flight.

Link 2 | G C/G G | G C/G G ‖

Verse 3

G C/G G   C/G
Au - gust,

G   C/G G
Die she must.

Am   Am7/G   Fmaj7   Em
  The autumn winds blow   chilly and cold.

   C D G   Em
September, I'll remember

Am   Em   D
  A love once new has now grown (old.)

Coda | G* | G* | G* | D* G ‖

  old.

Baby Driver

Words & Music by
Paul Simon

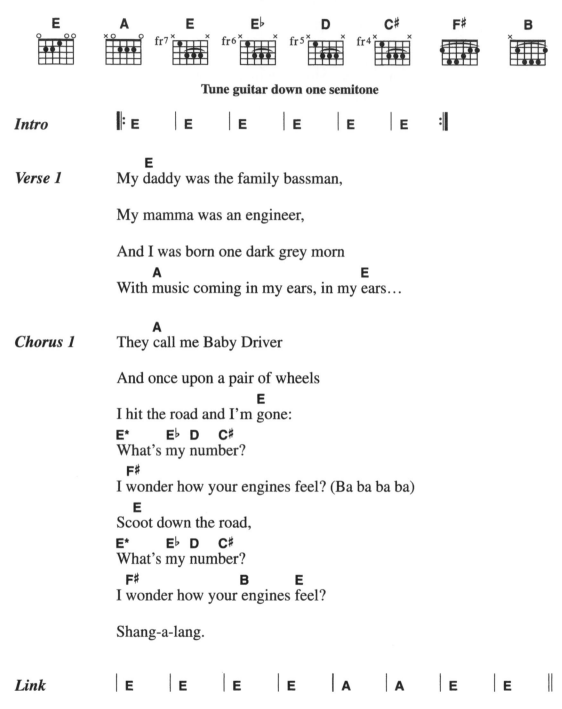

Tune guitar down one semitone

Intro   ‖: E | E | E | E | E | E :‖

Verse 1

           E
My daddy was the family bassman,

My mamma was an engineer,

And I was born one dark grey morn
       A   **E**
With music coming in my ears, in my ears…

Chorus 1

         A
They call me Baby Driver

And once upon a pair of wheels
                    E
I hit the road and I'm gone:
E*   **E♭ D C#**
What's my number?
   F#
I wonder how your engines feel? (Ba ba ba ba)
     E
Scoot down the road,
E*   **E♭ D C#**
What's my number?
   F#   **B**   **E**
I wonder how your engines feel?

Shang-a-lang.

Link | E | E | E | E | A | A | E | E ‖

Verse 2

    E
My daddy was a prominent frogman,

My mam was in the Naval reserve.

When I was young I carried a gun
    A   **E**
But I never got the chance to serve, I did not serve.

Chorus 2   As Chorus 1

Sax Break | E | E | E | E | A | A | E | E |

           | A | A | A | A | E | E* E♭ D C♯ |

           | F♯ | F♯ | E | E* E♭ D C♯ | F♯ B | E | E ||

Verse 3

    E
My daddy got a big promotion,

My mamma got a raise in pay.

There's no-one home, we're all alone,
    A   **E**
Oh, come into my room and play, yes we can play.

           A
Chorus 3   I'm not talking about your pigtails

But I'm talking 'bout your sex appeal.
              E
I hit the road and I'm gone.
E*   **E♭ D** **C♯**
What's my number?
  F♯
I wonder how your engines brrr-ummm? (Ba ba ba ba)
   E   **E***   **E♭ D C♯**
Scoot down the road, what's my number?
  F♯   **B**   **E**
I wonder how your engines feel?

Coda ||: E | E | E | E   :||

       ||: F | F | F | F   :|| *Repeat to fade*

The Boxer

Words & Music by
Paul Simon

Tune guitar down one semitone

Intro | C ||

Verse 1

C
I am just a poor boy

          G/B   Am
Though my story's seldom told,

   G
I have squandered my resistance

  G7   C
For a pocket full of mumbles such are promises.

  G/B   Am
All lies and jests,

     G   F
Still a man hears what he wants to hear

              C G C
And disregards the rest.

Verse 2

         C
When I left my home and my family

         G/B   Am
I was no more than a boy

   G
In the company of strangers,

   G7   C
In the quiet of the railway station running scared.

G/B Am   G   F
Laying low, seeking out the poorer quarters

                 C
Where the ragged people go

      G   F   C
Looking for the places only they would know.

Chorus 1

       Am   **Em**
Lie la lie, lie la lie lie, lie la lie,

       Am
Lie la lie,

      G⁷   **C**
Lie la lie la lie la lie la la la la lie.

Verse 3

             C
Asking only workman's wages

            G/B **Am**
I come looking for a job

         G
But I get no offers,

        G⁷   **C**
Just a come-on from the whores on Seventh Avenue.

 G/B **Am**   **G**   **F**
I do declare, there were times when I was so lonesome

                 C   **G**   **C**
I took some comfort there, la la la la la la.

Link

   | C | C G/B Am | G | G⁷ | C |

   | C G/B Am | G   F | F C | G F | C ||

Chorus 2   As Chorus 1

Verse 4

             C
Then I'm laying out my winter clothes

            G/B   **Am**
And wishing I was gone,

        G
Going home

        G⁷   **C**
Where the New York City winters aren't bleeding me,

Em   **Am**   **G**   **C**
  Bleeding me,___ going home.

Verse 5

        C
In the clearing stands a boxer

       G/B   **Am**
And a fighter by his trade,

       G
And he carries the reminders

     G7
Of ev'ry glove that laid him down

      C
Or cut him till he cried out

       G/B   **Am**
In his anger and his shame,

     G   **F**
"I am leaving, I am leaving"

              C   **G** **F** **C**
But the fighter still remains.

Chorus 4

       Am   **Em**
𝄆 Lie la lie, lie la lie lie, lie la lie

      Am
Lie la lie,

      G7   **Am**
Lie la lie la lie la lie la la la la lie. 𝄇 *Play7 times*

Chorus 5

       Am   **Em**
Lie la lie, lie la lie lie, lie la lie

      Am
Lie la lie,

      G7   **C**
Lie la lie la lie la lie la la la la lie.

Coda | **C** | **C G/B Am** | **G** | **G7** | **C** |

               | **C G/B Am** | **G** **F** | **F** **C** | **G** **F** | **C**   ‖

Bridge Over Troubled Water

Words & Music by
Paul Simon

D/A   A   G   Fdim   B7sus4   B7   Gm

D   G/D   C   Dmaj7   Em7   A/C#   Bm

A7   D7   E   A#dim   F#   Bm(maj7)   Bm7

Capo first fret

Intro | D/A A | G Fdim | D/A B7sus4 B7 | G Gm |

        | D | G/D | D | G/D ||

Verse 1

        D   G/D D   G
When you're weary,   feeling small,

        C   G   D   Dmaj7   Em7
When tears are in ____ your eyes

        D   G D G
I will dry them all. _____

D   A/C# Bm A7   D   Dmaj7
   I'm on   your side, oh when times get rough

D7   G E A
   And friends just can't be found,

D   A   G   Fdim D/A   B7sus4 B7
Like a bridge over   troubled water

G   A#dim Bm
   I will lay me down,

D   A   G   Fdim D/A   B7sus4 B7
Like a bridge over   troubled water

G   A#dim D   G/D
   I will lay me down. _____

Link 1 | D | G/D | D | G/D ||

Verse 2

       D   **G/D**
When you're down and out,

            D   **G**
When you're on the street,

    C **G** **D**   **Dmaj7** **Em7**
When evening falls _____ so hard

    D   **G**   **D G**
I will comfort you.

D   **A/C#** **Bm** **A7**   **D**   **Dmaj7**
I'll take your part, oh when darkness comes _____

D7   **G E A**
And pain is all around

D   **A**   **G**   **Fdim D/A**   **B7sus4 B7**
Like a bridge over   troubled water

G   **A#dim** **Bm**
I will lay me down,

D   **A**   **G**   **Fdim D/A**   **B7sus4 B7**
Like a bridge over   troubled water

G   **F#**   **Bm**   **Bm(maj7) Bm7 E**
I will lay me down.

Link 2 | **D/A A** | **G Bm** | **G Gm** | **D** | **G/D** |

           | **D** | **G/D** | **D** | **G/D** ||

Verse 3

            D   **G/D** **D**   **G**
Sail on Silver Girl, sail on by

      C **G** **D**   **Dmaj7** **Em7**
Your time has come   to shine

          D   **G**   **D G**
All your dreams are on their way.

D   **A/C# Bm**   **A7**   **D**   **Dmaj7**
See how they shine, oh if you need a friend

D7   **G E**   **A**
I'm sailing right be - hind

D   **A** **G**   **Fdim**   **D/A**   **B7sus4 B7**
Like a bridge over   troubled water

G   **A#dim**   **Bm**
I will ease your mind,

D   **A** **G**   **Fdim**   **D/A**   **Bm7**
Like a bridge over   troubled water

G   **F#**   **Bm**   **Bm(maj7) Bm7 E**
I will ease your mind. _____

Coda | **D/A A** | **G Bm** | **G Gm** | **D**   ‖

Cecilia

Words & Music by
Paul Simon

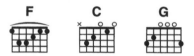

Tune guitar down one semitone

Intro   **Percussion for 4 bars**

            N.C.
Chorus 1   Cecilia, you're breaking my heart,

                                 G
            You're shaking my confidence daily.
                F C   **F**   **C**
            Oh Cecilia, I'm down on my knees,
             F   **C**   **G**
            I'm begging you please to come home.

            C   **F**   **C**
Chorus 2   Cecilia, you're breaking my heart,
                F   **C**   **G**
            You're shaking my confidence daily.
                F C   **F**   **C**
            Oh Cecilia, I'm down on my knees,
             F   **C**   **G**
            I'm begging you please to come home,
                  C
            Come on home.

                         F **C**
Verse 1   Making love in the af - ternoon with Cecilia
         F   **C** **G**   **C**
         Up in my bedroom,
                    F   **C**
         I got up to wash my face.

         When I come back to bed
         F   **C**   **G**   **C**
         Someone's taken my place.

Chorus 3

    C   F   C
Cecilia, you're breaking my heart,

        F   C   G
You're shaking my confidence daily.

     F C   F   C
Oh Cecilia, I'm down on my knees,

    F   C   G
I'm begging you please to come home,

      C
Come on home.

Link

N.C.   **G**
Oh oh oh oh oh, oh oh oh oh oh, oh oh oh-oh.

C		F	C	F	C	G	

F	C	F	C	F	C	G	

Chorus 4

      F C   F   C
Jubila - tion, she loves me again,

     F   C   G
I fall on the floor and I'm laughing,

      F C   F   C
Jubila - tion, she loves me again,

     F   C   G
I fall on the floor and I'm laughing.

Coda

           F C   F   C
‖: Oh oh oh oh, oh oh oh oh oh

     F   C   G
Oh oh oh oh oh oh oh oh oh. :‖ *Repeat to fade*

El Condor Pasa (If I Could)

Traditional.
Musical Arrangement by Jorge Milchberg & Daniel Robles
English Words by Paul Simon

Bm	Em	D	A	F#7	G

Capo fifth fret

Intro

Free time | **Bm** | **Em Bm** ‖

Verse 1

N.C.   **D**
I'd rather be a sparrow than a snail,

A   D   A   D   F#7   Bm
Yes I would, if I could, I surely would,

A   Bm
Hm - mmm.

                                              D
I'd rather be a hammer than a nail,

A   D   A   D   F#7   Bm
Yes I would, if I only could, I surely would,

A   Bm
Hm - mmm.

Bridge

        G
Away, I'd rather sail away

          D   A D
Like a swan _____

                A   D
That's here and gone.

        G
A man gets tied up to the ground,

                  D
He gives the world

            A   D
Its saddest sound,

        F#7   Bm
Its saddest sound,

A   Bm   A
Hm - mmm.

Link | Bm ‖

Verse 2

                                   D
I'd rather be a forest than a street,
A   **D**   **A** **D**   **F$^{\sharp}$7** **Bm**
Yes I would, if I could, I surely would.

                                          D
I'd rather feel the earth beneath my feet,
A   **D**   **A** **D**   **F$^{\sharp}$7** **Bm**
Yes I would, if I only could, I surely would.

Instrumental | G | G | D   A | D |

                     | G | G | D   A | D   F$^{\sharp}$7 |

                     | Bm A | Bm A | Bm   ‖

The 59th Street Bridge Song (Feelin' Groovy)

Words & Music by
Paul Simon

C   G/B   Am7   G

Capo third fret

Intro
   ‖: C G/B | Am7 G :‖ *Play 3 times*

Verse 1

C   G/B Am7   G
Slow down, you move too fast.

C   G/B   Am7   G
You got to make the morning last.

   C   G/B   Am7   G
Just kicking down the cobblestones,

C   G/B   Am7   G
Looking for fun and feelin' groovy.

| C G/B | Am7 G |
        C   G/B Am7   G
Ba-da-da da-da da-da, feelin' groovy.

Link 1
   | C G/B | Am7 G ‖

Verse 2

C   G/B   Am7   G
Hello, lamppost, what you knowing?

C   G/B   Am7   G
I've come to watch your flowers growing.

C   G/B Am7   G
Ain't you got no rhymes for me?

C   G/B   Am7   G
Doo-it'n doo-doo, feelin' groovy.

| C G/B | Am7 G |
        C   G/B Am7   G
Ba-da-da da-da da-da, feelin' groovy.

Link 2 | C   G/B | Am⁷ G ‖

Verse 3

        C   G/B   Am⁷   G

I got no deeds to do, no promises to keep.

        C   G/B   Am⁷   G

I'm dappled and drowsy and ready to sleep

           C   G/B   Am⁷   G

Let the morningtime drop all its petals on me

C   G/B   Am⁷   G

  Life, I love you,   all is   groovy!

Link 3 | C   G/B | Am⁷ G ‖

Coda   ‖: C   G/B | Am⁷ G :‖ *Repeat to fade*

For Emily, Whenever I May Find Her

Words & Music by
Paul Simon

Dsus2 **C/D** **G** **G/F♯** **Em**

D **Cmaj7** **A** **C** **G/B**

Capo third fret

Intro | **Dsus2** | **C/D** | **Dsus2** | **C/D** ‖

Verse 1
> **Dsus2**
> What a dream I had
>
> **G**　　　　　　**G/F♯**　**Em**
> Pressed in organ - die,
>
> **D**
> Clothed in crinoline
>
> **Cmaj7**
> Of smoky burgundy,
>
> **G**　　　**A**
> Softer than the rain.

Verse 2
> **D**
> I wandered empty streets down
>
> **G**　　　　　　**G/F♯**　**Em**
> 　Past the shop dis - plays,
>
> **D**
> I heard cathedral bells
>
> **Cmaj7**　　　　　　　　　　**G**
> Tripping down the alleyways ＿＿＿
>
> 　　**A**
> As I walked on.

Verse 3

D
And when you ran to me, your

G   **G/F♯ Em**
Cheeks flushed with the   night,

D
We walked on frosted fields

Cmaj⁷
Of juniper and lamplight.

G   **A**
I held your hand. _____

Link | **D** | **G**   **G/F♯ Em** | **D** | **Cmaj⁷** **G** | **A** ||

D
And when I awoke

Verse 4

G   **G/F♯ Em**
And felt you warm and   near,

D
I kissed your honey hair

Cmaj⁷   **G**
With my grateful tears.

        A   **C**
Oh, I love you girl. _____

        G/B G   G/F♯
Oh, I   love you.

A Hazy Shade Of Winter

Words & Music by
Paul Simon

| Am | G | F | E | Am⁷ | Cmaj⁷ | C |

Capo fifth fret

Intro | (Am) | (G) | (F) | (E) ||

Verse 1

    Am   Am⁷ Am Am⁷ Am   G
Time, time, time,   see what's become of me:

        F
While I looked around

            Cmaj⁷
For my possibilities

        G
I was so hard to please.

            Am   G
But look around, leaves are brown

           F   E   Am   Am⁷ Am
And the sky is a hazy shade of winter.

Verse 2

    Am   Am⁷   G
Hear the Salvation Army band:

    F
Down by the riverside, it's bound to be a better ride

         Cmaj⁷
Than what you've got planned,

         G
Carry your cup in your hand,

         Am   G
And look around, leaves are brown now

         F   E   Am
And the sky is a hazy shade of winter.

Verse 3

                             G
Hang on to your hopes, my friend,

F
That's an easy thing to say, but if your hopes should pass away

Cmaj⁷
Simply pretend

                       G
That you can build them again.

         Am   **G**
Look around, the grass is high,

                F   **E**   **Am**
The fields are ripe, it's the springtime of my life.

Bridge

F   **C**
  Ah, seasons change with the scenery

                   G
Weaving time in a tapestry,

                         Am
Won't you stop and remember me

G
  At any convenient time.

F
Funny how my memory skips while looking over manuscripts

      Cmaj⁷
Of unpublished rhyme,

              G
Drinking my vodka and lime.

        Am   **G**
I look around, leaves are brown now

           F   **E**   **Am**
And the sky is a hazy shade of winter.

Coda

             G   **F**
‖: Look around, leaves are brown,

          E   **Am**
There's a patch of snow on the ground. :‖ *Play 3 times*

Bookends

Words & Music by
Paul Simon

Dm   C   F

Capo fourth fret

Intro ‖: (Dm) | (Dm) | (C) | (F) | (C) :‖

Verse 1

Dm
Time it was,

And what a time it was, it was
C   **F**
  A time of innocence,
          C
A time of confidences.
Dm
Long ago, it must be,
      C
I have a photograph.
          F
Preserve your memories,
        C
They're all that's left you.

Coda | (Dm) | (Dm) | (C) | (F) | C ‖

Homeward Bound

Words & Music by
Paul Simon

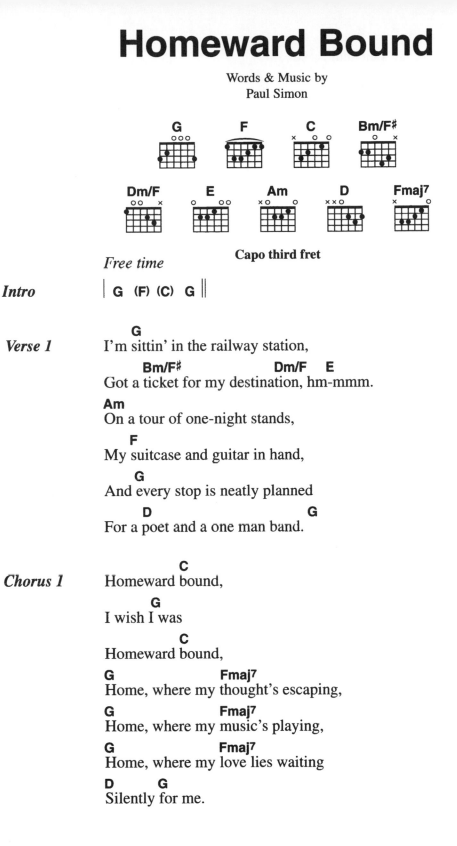

Capo third fret

Free time

Intro | G (F) (C) G ‖

Verse 1

   G
I'm sittin' in the railway station,

      Bm/F♯   **Dm/F**   **E**
Got a ticket for my destination, hm-mmm.

Am
On a tour of one-night stands,

  F
My suitcase and guitar in hand,

   G
And every stop is neatly planned

    D   **G**
For a poet and a one man band.

Chorus 1

      C
Homeward bound,

    G
I wish I was

     C
Homeward bound,

G   **Fmaj⁷**
Home, where my thought's escaping,

G   **Fmaj⁷**
Home, where my music's playing,

G   **Fmaj⁷**
Home, where my love lies waiting

D   **G**
Silently for me.

Verse 2   Everyday's an endless stream

                  Bm/F#   **Dm/F E**
Of cigarettes and magazines, hm-mmm.

                Am
And each town looks the same to me,

             F
The movies and the factories,

             G
And every stranger's face I see

           D   **G**
Reminds me that I long to be

                       C
Chorus 2   Homeward bound,

              G
I wish I was

              C
Homeward bound.

G   **Fmaj7**
Home, where my thought's escaping,

G   **Fmaj7**
Home, where my music's playing,

G   **Fmaj7**
Home, where my love lies waiting

D   **G**
Silently for me.

Verse 3   Tonight I'll sing my songs again,

                  Bm/F#   **Dm/F**   **E**
I'll play the game and pretend, hm-mmm.

                Am
But all my words come back to me

             F
In shades of mediocrity,

             G
Like emptiness in harmony,

           D   **G**
I need someone to comfort me.

Chorus 3

           C
Homeward bound,

       G
I wish I was

        C
Homeward bound.

G   **Fmaj⁷**
Home, where my thought's escaping,

G   **Fmaj⁷**
Home, where my music's playing,

G   **Fmaj⁷**
Home, where my love lies waiting,

D   **G**   **Bm/F♯**
Silently for me.

         Dm/F   **G (F) (C) G**
Silently for me.

I Am A Rock

Words & Music by
Paul Simon

G	C/G	Am	D	C	Bm

Capo fifth fret, tune slightly flat

Intro | G | G ||

Verse 1

              G
A winter's day

      C/G   G
In a deep and dark December,

Am D   C   G
  I am alone ____

Am   Bm
Gazing from my window

Am   Bm
To the streets below

        Am   C   D
On a freshly fallen silent shroud of snow.

          G   D G
I am a rock, I am an is-land.

Link 1 | G | G | Em | Em ||

Verse 2

              G
I've built walls,

      C/G   G
A fortress deep and mighty

        Am D   C   G
That none may penetrate.

  Am   Bm
I have no need of friendship,

Am   Bm
Friendship causes pain,

       Am   C   D
Its laughter and its loving I disdain.

          G   D G
I am a rock, I am an is-land.

Link 2 | G | G | Em | Em   ‖

Verse 3
        G
Don't talk of love:
       C/G   **G**
Well, I've   heard the word before,
   Am   **D**   **C** **G**
It's sleeping in my memory.
   Am   **Bm**
I won't disturb the slumber
   Am   **Bm**
Of feelings that have died
     Am
If I'd never loved,
  C   **D**
I never would have cried.
    G   **D G**
I am a rock, I am an is-land.

Link 3 | G | G | Em | Em   ‖

Verse 4
        G
I have my books
     C/G   **G**
And my   poetry to protect me.
   Am **D**   **C** **G**
I am shielded in my armour,
Am   **Bm**
Hiding in my room,
Am   **Bm**
Safe within my womb,
  Am   **C**   **D**
I touch no-one and no-one touches me.
    G   **D G**
I am a rock, I am an is-land.

Link 4 | G | G   ‖

Coda
    Am D   **G**
And a rock feels no pain,
    Am **D**   **G**
And an island never cries.

Kathy's Song

Words & Music by
Paul Simon

C/G   G   Am   Asus²/G

D⁷/F♯   Bm/F♯   C   D   Dadd¹¹   fr3

tune guitar down slightly

Intro

| G C/G G | G C/G G ‖

Verse 1

G   C/G   G
I hear the drizzle of the rain:
Am   Asus²/G   C   Bm/F♯
Like a mem - or - y it falls
G   Bm/F♯   G   C
Soft and warm, continuing
Am   Asus²/G   D   G   C/G G C/G G C/G G C/G
Tapping on my   roof and walls _____

Verse 2

G   C/G   G
And from the shelter of my mind
Am   Asus²/G   C   Bm/F♯
Through the window   of my eyes
G   Bm/F♯   G   C
I gaze beyond the rain-drenched streets
     Am   D   G   C/G G C/G G C/G G C/G
To England   where my heart lies. _____

Link 1

| Dadd¹¹ | G C/G G ‖

Verse 3

                 C/G   G
My mind's distracted and diffused,
Am   Asus²/G   C   Bm/F♯
  My thoughts are   many   miles away,
G   Bm/F♯   G   C
  They lie with you when you're asleep
     Am   Asus²/G   D   G   C/G G C/G G C/G G C/G
And kiss you when you   start your day. _____

Verse 4

    G   **C/G**   **G**
And a song I was writing is left undone.

    Am   **Asus²/G** **C**   **Bm/F♯**
I don't know why   I   spend my time

    G   **Bm/F♯** **G**   **C**
Writing songs I   can't believe

    Am   **Asus²/G** **D**   **G**   **C/G G C/G**
With words that tear and   strain to rhyme. _____

Link 2 | **Dadd¹¹** | **Dadd¹¹** | **G C/G G** ‖

Verse 5

               C/G   **G**
And so you see I have come to doubt

    Am   **Asus²/G** **C**   **Bm/F♯**
All that I once   held as true:

    G   **Bm/F♯**   **G**   **C**
I stand alone without beliefs

    Am   **Asus²/G** **D**   **G C/G G C/G G C/G G C/G**
The only truth   I   know is you. _____

Verse 6

    G   **C/G**   **G**
And as I watch the drops of rain

    Am   **Asus²/G** **C**   **Bm/F♯**
Weave their   weary   paths and die,

    G   **Bm/F♯** **G**   **C**
I know that I   am   like the rain:

    Am   **Asus²/G**   **D**   **G C/G G C/G**
There but for the grace of you go I. _____

Coda | **G** | **G** | **Am Asus²/G** | **C Bm/F♯** |

           | **G Bm/F♯** | **G** | **C** | **Am Asus²/G** | **D   G** ‖

Keep The Customer Satisfied

Words & Music by
Paul Simon

| E | E7 | A | A6 | F#m | A7 | B7 | C#m |

Tune guitar down one semitone

Verse 1

N.C.   E
Gee but it's great to be back home

E7
Home is where I want to be.

A   A6   A
I've been on the road so   long my friend,

And if you came along

E   F#m   A
I know you couldn't disagree.

Chorus 1

             E
It's the same old story, yeah

       A7
Everywhere I go,

    E   B7
I get slandered, libelled,

      E   A
I hear words I never heard in the Bible

         E   C#m
And I'm one step ahead of the shoe-shine

E   C#m
Two steps away from the county line

       E   E7   A7
Just trying to keep my customers satisfied,

       E
Satisfied.

Verse 2

N.C.   E
Deputy Sheriff said to me

           E7
Tell me what you come here for, boy.

                                              A   A⁶ A
cont.   You better get your bags and   flee.

                 You're in trouble boy,
                        E   F♯m A
                 And now you're heading into   more.

                                        E
Chorus 2   It's the same old story
                                   A⁷
                 Everywhere I go,
                        E   B⁷
                 I get slandered, libelled,
                        E   A
                 I hear words I never heard in the Bible
                            E   C♯m
                 And I'm one step ahead of the shoe-shine
                 E   C♯m
                 Two steps away from the county line
                        E   E⁷   A⁷
                 Just trying to keep my customers satisfied,
                        E
                 Satisfied.

Bridge | E | E | E | E⁷ | A | A | E F♯m | A   ‖

                                        E
Chorus 3   It's the same old story
                                   A⁷
                 Everywhere I go,
                        E   B⁷
                 I get slandered, libelled,
                        E   A
                 I hear words I never heard in the Bible
                            E C♯m   E   C♯m
                 And I'm so tired, I'm oh ___ so tired
                        E   E⁷   A⁷
                 But I'm trying to keep my customers satisfied,
                        E   B⁷
                 Satisfied.

Coda | E | A | E | A | E | C♯m |

                 | E | A⁷ | E | E A⁷ | A⁷   ‖

The Only Living Boy In New York

Words & Music by
Paul Simon

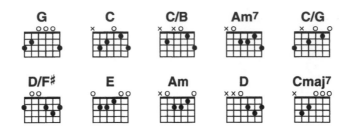

Capo fourth fret

Intro | G ‖

Verse 1

G   C
Tom, get your plane right on time,

G   C
I know your part'll go fine.

G   C C/B Am7 C/G
Fly down to Mexico. _____

D/F#   C
Da-n-da-da-n-da-n-da-da and here I am,

       G   C   G
The only living boy in New York.

Verse 2

G   C
I get the news I need on the weather report.

              G   C
Oh, I can gather all the news I need on the weather report.

G   C C/B Am7 C/G
Hey, I've got nothing to do to - day   but smile.

D/F#   C
   Da-n-da-da-n-da-da-n-da-da and here I am

       G   C   E
The only living boy in New York

Bridge

```
Am                      D                        G
Half of the time we're gone but we don't know where,
                        C
And we don't know where.
G   C  G  C
(Ah _____
G    C  C/B  Am7  C/G  D/F#
Ah _____
Cmaj7 G    C    E
Here  I am.) ____
Am                      D                        G
Half of the time we're gone but we don't know where,
                        C
And we don't know   where.
```

Verse 3

```
G                            C
 Tom, get your plane right on   time.
G                            C
I know you've been eager to fly now.
G                 C   C/B  Am7  C/G
Hey let your honesty shine, shine, shine, now,
D/F#
Da-n-da-da-n-da-da-n-da-da-da-da-da,
        Cmaj7
Like it shines on me,
     G                     C
The only living boy in New York,
     G                     C
The only living boy in New York.
```

Coda

```
| G      | G      | G      | C  E | Am  D | G   C      |
G   C  G  C
(Ah _____
G    C  C/B  Am7  C/G  D/F#
Ah _____
Cmaj7 G    C
Here I  am.) ____
G   C  G  C
(Ah _____
G    C  C/B  Am7  C/G  D/F#
Ah _____
Cmaj7 G      C
Here I am.) ____

| G      ‖
```

Scarborough Fair/Canticle

Traditional
Arrangement & Original Counter Melody by Paul Simon & Art Garfunkel

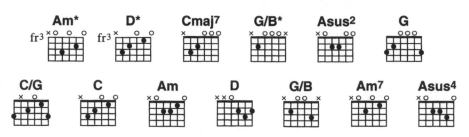

Capo seventh fret

Intro | Am* D* Cmaj7 G/B* | Am* Asus2 Am* Asus2 ‖

Verse 1

Am*   Asus2 G   C/G G   Am* Asus2
Are you going to Scar - bo - rough Fair?

C   Am,   C   D   Am*   Asus2 Am* Asus2
   Parsley, sage, rosema - ry and thyme.

Am   C   G/B Am7 G   C/G G C/G G
Remember me to one who lives there,

Am   G C/G G   C/G G Am*   Asus2 Am* Asus2
She once was a   true love of mine.

Verse 2

Am*   Asus2   G C/G G   Am* Asus2
{ Tell her to make me a   cam - bric shirt,
                        (On the side of a hill in the deep forest green)

C   Am   C   D   Am*
{   Parsley, sage, rosema - ry and thyme. **Asus2   Am*   Asus2**
                        (Tracing a sparrow on snow-crested ground)

Am   C   G/B Am7   G   C/G G C/G G
{ Without no seams nor nee - dle ____work,
                        (Blankets and bedclothes a child of the

Am   G C/G G   C/G G Am*
{ Then   she'll be a   true love of mine. **Asus2   Am*   Asus2**
{ mountains)   (Sleeps unaware of the clarion call.)

Verse 3

```
Am*          Asus²        G  C/G G  Am*
Tell her to find me an      a - cre of land,  Asus²
                    (On the side of  a  hill, a sprinkling of leaves

C          Am        C    D      Am*
  Parsley, sage, rosema - ry and thyme. __   Asus²      Am*      Asus²
leaves)                     (Washed is the ground with so many tears)

   Am            C          G/B  Am⁷ G      C/G G  C/G  G
Between the salt water and the   sea   strand
                    (A  soldier      cleans and polishes a

Am          G C/G G   C/G G  Am*  Asus²  Am*  Asus²
Then she'll be a     true love of mine.
gun.)
```

Verse 4

```
Am*          Asus²        G   C/G G   Am*
Tell her to reap it in a sic - kle  of   leather,   Asus²
                    (War bellows, blazing in scarlet

   C          Am        C    D      Asus⁴
   Parsley, sage, rosema - ry and thyme.
battalions)                     (Generals order their soldiers to kill)

   Am          C        G/B    Am⁷  G      C/G G C/G  G
And  gather it all in a bunch   of       heather
                    (And to fight for a cause they've long ago for-

Am          G C/G G   C/G G  Am*  Asus²  Am*  Asus²
Then she'll be a     true love of mine.
gotten.)
```

Verse 5

```
Am*      Asus²  G    C/G G     Am*  Asus²
Are you going to Scar - bo - rough Fair?

C        Am,    C    D     Am*   Asus²  Am*  Asus²
Parsley, sage, rosema - ry and thyme.

Am      C          G/B Am⁷ G      C/G G C/G  G
Remember me to one who lives there,

Am       G  C/G G   C/G G Am*  Asus²  Am*  Asus²
She once was a     true love of mine.
```

Coda

```
| Am*  D*  Cmaj⁷ G/B | Asus²      ‖
```

Song For The Asking

Words & Music by
Paul Simon

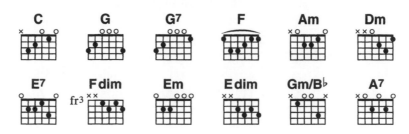

Tune guitar down one semitone

Intro

‖: C | C | C :‖

| C | (G) | (G7) ‖

Verse 1

    C   G   F   Am
    Here is my song for the asking:

Dm   G   E7
Ask me and I will play

Fdim F   C   F
So   sweetly, I'll make you smile.

Link

| (G7) | (G7) | C   ‖

Verse 2

    C   G   F   Am
    This is my tune for the taking:

Dm   G E7
Take it, don't turn away.

Fdim   F   C   F
I've been waiting all my life.

Link

| (G7) | (G7) | C   ‖

Bridge

          Am   **Em**   **E7**
Thinking it over, I've been sad.

        E dim   **G**   **G7**
Thinking it over, I'd be more than glad.

Verse 3

        C   **Gm/B♭** **A7** **F**   **Am**
To change my ways   for the asking.

Dm   **G**   **E7**
Ask me and I will play

Fdim **F**   **C**   **F**
All the love that I hold inside.

Link | **(G7)** | **(G7)** | **C**   ‖

Coda | **G** | **F** | **Am** | **Am** |

           | **Dm** | **Dm** | **E7** | **Fdim** |

           | **F** | **F** | **C** | **F** |

           | **F** | **(G)** | **(G7)** | **C** ‖

The Sound Of Silence

Words & Music by
Paul Simon

Asus² **G** **F** **C** **G/B** **Am**

Capo sixth fret

Intro | **Asus²** ||

Verse 1

   Asus²   **G**
  Hello, darkness, my old friend,

                     Asus²
I've come to talk with you again,

              F   **C**
Because a vision softly creeping

                F   **C**
Left its seeds while I was sleeping

       F
And the vision

              C
That was planted in my brain

        G/B **Am**
Still remains

C   **G**   **Asus²**   **Am**
  Within the sound of silence.

Verse 2

  N.C.   **G**
In restless dreams I walked alone

               Am
Narrow streets of cobblestone.

             F   **C**   **G** **C**
Beneath the halo of a street lamp

             F   **C**   **G** **C**
I turned my collar to the cold and damp

      F
When my eyes were stabbed

         C
By the flash of a neon light

cont.

                     G/B Am
That split the night
C   **G**   **Am**
  And touched the sound of silence.

                  G
Verse 3   And in the naked light I saw
                    Am
Ten thousand people, maybe more:
             F   **C**   **G C**
People talking without speaking,
             F   **C**   **G C**
People hearing without listening,
           F   **C**
People writing songs that voices never share
             G/B Am
And no-one dare
C   **G**   **Am**
  Disturb the sound of silence.

                  G
Verse 4   "Fools," said I, "You do not know
                Am
Silence like a cancer grows.
              F   **C**
Hear my words that I might teach you,
              F   **C**
Take my arms that I might reach you."
      F   **C**   **G/B Am**
But my words like silent raindrops fell,
     C   **G**   **Am**
And echoed in the wells of silence.

                  G
Verse 5   And the people bowed and prayed
              Am
To the neon god they made.
               F   **C**   **G C**
And the sign flashed out its warning
             F   **C**   **G C**
In the words that it was forming,
               F
And the sign said, "The words of the prophets
              C
Are written on the subway walls
             G/B Am
And tenement halls,
     C   **G**   **Asus²**
And whispered in the sounds of silence."

Wednesday Morning 3 A.M.

Words & Music by
Paul Simon

| D | Em | Bm | G | F♯m | A |

Capo third fret

Intro
| D | Em | Em | D ||

Verse 1

      D   Bm
I can hear the soft breathing
         G   F♯m
Of the girl that I love,
       D   Em
As she lies here beside me
     A
Asleep with the night,
        D   Bm
And her hair in a fine mist
G   F♯m
Floats on my pillow,
     D   Em
Reflecting the glow
        G A   D
Of the winter moonlight.

| Em | D ||

Verse 2

      D   Bm
She is soft, she is warm,
        G   F♯m
But my heart remains heavy,
       D   Em
And I watch as her breasts
     A
Gently rise, gently fall,

cont.

    D   **Bm**   **G**
For I know with the first light of dawn

    F♯m
I'll be leaving,

    D
And tonight will be

Em   **G** **A**   **D**
All I have left to recall.

| **Em** | **D** | ‖ |

Verse 3

    D   **Bm**
Oh, what have I done,

G   **F♯m**
Why have I done it?

      D   **Em**
I've committed a crime,

A
Broken the law.

    D   **Bm**
For twenty-five dollars

     G   **F♯m**
And pieces of silver

  D   **Em**
I held up and robbed

   G **A**   **D**
A hard   liquor store.

| **Em** | **D** | ‖ |

Verse 4

    D   **Bm**
My life seems unreal,

   G   **F♯m**
My crime an illusion,

  D   **Em**
A scene badly written

   A
In which I must play.

   D   **Bm**
Yet I know as I gaze

   G   **F♯m**
At my young love beside me,

   D   **Em**   **G** **A** **D**
The morning is just a few ho - urs away.

| **Em** | **Em** | **D** | ▌ |

Mrs. Robinson

Words & Music by
Paul Simon

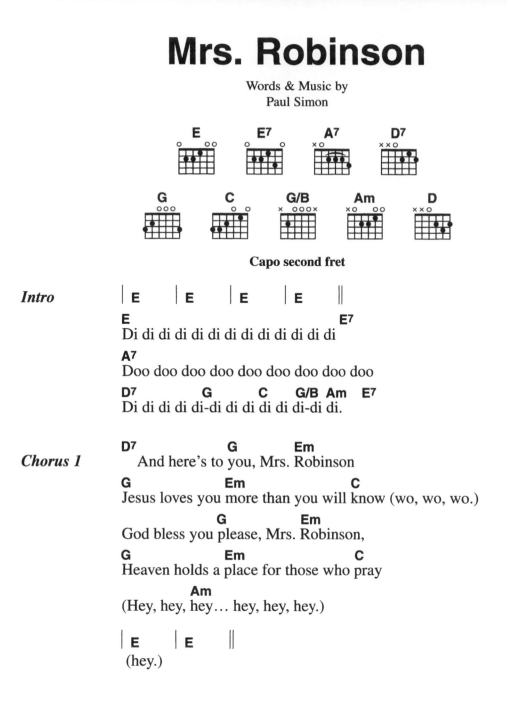

Capo second fret

Intro | E | E | E | E   ‖

E   E7
Di di di di di di di di di di di di di

A7
Doo doo doo doo doo doo doo doo doo

D7   G   C   G/B Am   E7
Di di di di di-di di di di di di-di di.

Chorus 1
D7   G   Em
   And here's to you, Mrs. Robinson
G   Em   C
Jesus loves you more than you will know (wo, wo, wo.)
                 G   Em
God bless you please, Mrs. Robinson,
G   Em   C
Heaven holds a place for those who pray
              Am
(Hey, hey, hey… hey, hey, hey.)

| E | E   ‖
(hey.)

Verse 1

                                                          E7

We'd like to know a little bit about you for our files,

  A7

We'd like to help you learn to help yourself.

D7   G   C   G/B Am

  Look around you, all you see are sympathetic eyes.

E7   D7

  Stroll around the grounds until you feel at home.

Chorus 2

                    G   Em

And here's to you, Mrs. Robinson,

G   Em   C   D

Jesus loves you more than you will know (wo, wo, wo.)

     C   G   Em

God bless you please, Mrs. Robinson,

G   Em   C

Heaven holds a place for those who pray

        Am   E

(Hey, hey, hey… hey, hey, hey.)

 | E | E   ‖

(hey.)

Verse 2

                                                  E7

Hide it in a hiding place where no one ever goes,

A7

  Put it in your pantry with your cupcakes.

D7   G   C   G/B   Am

  It's a little secret, just the Robinsons' affair.

E   E7   D7

  Most of all, you've got to hide it from the kids.

Chorus 3

                    G   Em

  Coo coo ca-choo, Mrs Robinson,

G   Em   C   D

Jesus loves you more than you will know (wo, wo, wo.)

           G   Em

God bless you please, Mrs. Robinson,

G   Em   C

Heaven holds a place for those who pray

        Am   E

(Hey, hey, hey… hey, hey, hey.)

 | E | E   ‖

(hey.)

Verse 3   Sitting on a sofa on a Sunday afternoon,^{E7}

    A⁷
    Going to the candidates' debate.

    D⁷   **G**
    Laugh about it, shout about it

    C   **G/B** **Am**
    When you've got to choose.

    E⁷   **D⁷**
    Ev'ry way you look at it, you lose.

                   G   **Em**
Chorus 4   Where have you gone, Joe DiMaggio?

    G   **Em**   **C**   **D**
    A nation turns its lonely eyes to you (woo, woo, woo)

              C   **G**   **Em**
    What's that you say, Mrs. Robinson?

    G   **Em**   **C**
    Joltin' Joe has left and gone away

              Am   **E**
    (Hey, hey, hey… hey, hey, hey.)

Coda | **E** | **E** | **E** | **E** ||
         (hey.)   *fade*